Geschafft

hafft

Geschafft

Idee / Text: Michael Kernbach
Cartoons / Illustration: Miguel Fernandez

8. Auflage 2025

© 2013 Lappan Verlag in der Carlsen Verlag GmbH
Völckersstraße 14-20, 22765 Hamburg

ISBN 978-3-8303-4283-0

Mit Fragen zur Produktsicherheit wenden Sie sich bitte an:
carlsen.de/kontakt

Text: Michael Kernbach
Illustrationen: Miguel Fernandez
Herstellung und Gestaltung: Ulrike Boekhoff

FOLLOW US!
facebook.com/lappanverlag
Instagram.com/lappanverlag

LAPPAN.DE
LAPPANKALENDER.DE

MIX
Papier | Fördert
gute Waldnutzung
FSC® C002795

VERANTWORTUNG · PRODUZIERT MIT

Du hast es

Geschafft

Was Frau mit 65
nicht mehr tun muss!

Sich einordnen

Die Hauptaufgabe im Erdendasein ist es, damit fertig zu werden, dass Platz 1 immer von anderen besetzt ist und wie man sich wenigstens in der Warteschlange einen guten Platz sichert. Wie die Pilger rund um die Kaaba, so läuft's im Leben! Aus dieser Reihe sollten Sie nun schleunigst ausscheren.

Sie dürften in Ihrem Leben genug angeblich unsinkbare Lebenskähne havarieren gesehen haben, um auf vermeintlich sichere Plätze im Mittelfeld zu pfeifen. Gehen Sie auf Sieg, nicht mehr auf Platz. Wenn nirgendwo ein Thron frei sein sollte, dann schaffen Sie sich einen. Gründen Sie einen Verein und machen Sie sich zur ewigen Vorsitzenden, indem Sie bestimmen, dass nur Hunde oder Katzen Mitglieder sein dürfen, der Vorsitz aber von einem Mensch gehalten wird. Das ist Machiavelli pur! Und macht in jedem Fall mehr Spaß, als sich weiter aus zweifelhaften Gründen irgendwo einzuordnen. Probieren Sie es aus!

Eine Auszeit nehmen

Man kann ja so einiges mit der im Golden-Age reichlich zur Verfügung stehenden Zeit anfangen, sie in Form von Auszeiten einfach so verstreichen zu lassen, sollte Ihnen aber nun wirklich nicht mehr in den Sinn kommen.

Ausgerechnet jetzt, wo alle Nervensägen, die Sie früher regelmäßig an den Rand des Wahnsinns gebracht haben, weitgehend aus dem Sichtfeld entschwunden sind, braucht eine vitale Frau wie Sie doch keine Auszeit mehr! Im Gegenteil – gehen Sie in Vollzeit und brennen Sie den Baum mit allem ab, was Ihnen Spaß macht. Wenn Sie unbedingt noch an einer Auszeit teilhaben wollen, dann besuchen Sie einfach jüngere Verwandte, die gerade versuchen, eine Pause einzulegen und die spätestens mit Ihrer Ankunft lernen werden: die Auszeit ist eine theoretische Zeiteinheit, die es nur in Büchern gibt.

Eine Partnerberatung
konsultieren

Sie wissen aus Erfahrung: Es kann nicht gut sein, wenn Mann und Frau ständig einander ausgeliefert sind.

Denn nur in solch einem unwirklichen Klima gedeihen soziale Exzesse wie die Partnerberatung, in der Frauen mit professionellen Dritten dem schweigenden Männchen solange zusetzen, bis es nach Amerika auswandert oder merkt, wie glücklich Mann heute als Mann dank McDonald's als Single leben kann. Setzen Sie Ihre erprobte Partnerschaft nicht mit solchen neumodischen Mätzchen aufs Spiel. Vergessen Sie nie, Sie brauchen ihn noch für den Müll und die Vorhaltungen! Wenn es in Ihrer Beziehung schwierig wird, greifen Sie besser zu einem alten Hausmittel und lagern den alten Grantler in einer Kneipe zwischen, bis er wieder auf Knien angerutscht kommt. Das ist effizienter und günstiger.

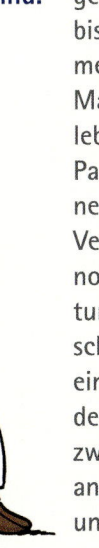

Eisern sein

Das Leben ist kein Pony-hof und es ist oft genug ohne die eiserne Hand einer eisernen Lady nicht in den eisernen Griff zu bekommen, ohne den es einem permanent – piff, paff – um die Ohren fliegt.

Gerade für eine Frau ist, Sie werden es bestätigen, der Walk-of-Life mehr Kreuzzug als Kreuzfahrt. Zeit, das zu ändern! Der eiserne Wille zum eisernen Sparen etwa, ob Kohle, Kalorien oder Kommentare, gehört ein für alle Mal hinter den eisernen Vorhang! Let's go crazy, eiserne Kondition brauchen Sie zwar immer noch, aber nun bestenfalls für regelmäßige schicke Ü50-Partys oder XXL-DVD-Nächte, die Ihnen früher dank irgendwelcher Aufsteh-pflichten höchstens eiserne Augenlider beschert hätten. Geben Sie Gas, halten Sie immer schön mehrere Eisen im Feuer und schmieden Sie die, so lange sie heiß sind. Und dann ruhig gleich anfassen. Lieber einmal zu viel die Finger verbrannt, als einmal zu wenig Spaß gehabt!

Schönheitsoperationen

Wie wusste schon Loriot beim Verzehr eines Pfirsichs zu verkünden: „Das Beste sitzt unter der Haut." Genau dort also, wo sich eine Armada aus hippokratischen Kunsthandwerkern eine fette Scheibe vom Schinken für eine Villa auf Barbados abschneidet.

Das wollen Sie doch nicht unterstützen! Statt Stück für Stück runtergeschnitten zu werden, als wäre man eine Salami, könnten Sie die Kohle doch auch in eine Statue aus Marmor stecken und die Ihrer Gemeinde stiften. Titel des Bildnisses: Die Stifterin. Dargestellt wird, wie die Stifterin der Kommune eine Statue stiftet. Die Schönheitsoperation, die der Bildhauer dann an Ihrem Abbild vollführt, schlägt das Werk dieser Echt-Fleisch-Schlingel um Längen. Jugendlich glatte Haut, faltenfrei für immer, bewundert von Generationen. Das soll mal einer mit der Botoxspritze hinkriegen. Schenken Sie der Welt Ihr Lächeln, nur aus Stein muss es halt sein!

DIE STIFTERIN

Rücksicht nehmen

Es gibt für jedes Lebensalter, auch für 65, große Fehler, die Sie unbedingt vermeiden sollten. Einer davon ist der Blockfehler. Wer die Dummheit begeht, in einem Block zu notieren, wer einem auf die letzten 50 Jahre zumindest ein Danke schuldig ist, schenkt sich selbst den bitteren Wein der Erkenntnis ob der charakterlichen Beschaffenheit des Menschen ein.

Sie werden dabei lediglich lernen: Undank ist der Welten Lohn und Rücksicht nehmen ist schlicht falsch. Zeigen Sie in Zukunft Ihren im Grunde ja altruistischen Charakter, indem Sie auf nichts und niemanden mehr Rücksicht nehmen. Denn am Ende erspart das Ihren Mitmenschen das schlechte Gewissen und Ihnen die Enttäuschung. Außerdem ist der Rücksichtslose immer als erster am Büfett des Lebens und kriegt deshalb die fettesten Brocken. Und so schief können die anderen gar nicht gucken, wie das lecker schmeckt. Guten Appetit!

Treppensteigen

Natürlich ist gegen die Tätigkeit des Treppensteigens an sich nichts einzuwenden. Schließlich gibt es genug Swinging-Sixties, die mit ihrem Home-Stepper mehrere 100 Höhenmeter pro Tag weghauen.

Dass Treppensteigen für eine Dame in den besten Jahren nicht mehr in die Tüte kommt, ist sehr viel mehr eine Frage des Respekts. Schließlich gibt es in Ihrem Leben kaum jemanden mehr, zu dem Sie noch aufsteigen müssten. Es gilt ab sofort die alte Fliegerweisheit: Runter kommen Sie von selber. Und wenn es gar so dringend ist, kann der Berg jetzt ruhig auch mal die Treppe zur Prophetin runterkommen. Oder einen dieser lustigen Treppenlifts spendieren, die mit ein paar Gläschen intus einen Heidenspaß bringen können. Aber hochkraxeln, das sollen jetzt schön die anderen. Treppen sind nur was für Deppen!

Südfrüchte essen

Es gibt eine Menge Dinge, vor deren Genuss mit steigendem Alter dringend gewarnt werden muss. Etwa der Verzehr von Südfrüchten. Ganz schlecht! Besonders in Form von modischen Ananas-, Mango- oder Papayadiäten sind es die Fruchtbomben, die Ihren Lebensgenuss torpedieren.

Beenden Sie jetzt endlich Ihren 40-jährigen Ramadan, und pfeifen Sie auf Kleidergrößenrallyes mit Geschlechtsgenossinnen. Was haben Sie davon, weiterhin die Kurven unter 36 zu nehmen? Schlaffe Orangenhaut, das hat man davon! Statt der dauernden Südfrüchte wird es Zeit für die verbotenen Früchte. Die besten davon sind meist mit Schokolade überzogen und mit Alkohol gefüllt. Oder versuchen Sie es mit den pürierten Varianten, die geschmackssicher in Sahne oder Mürbeteig eingelassen sind. Wenn es in Zukunft noch mal Südfrüchte sein müssen, dann als Deko am Eisbecher oder Cocktailglas. Wohl bekomms!

Die Nachbarn beeindrucken

„Mögen alle Menschen immer das wollen, was ihr Nachbar hat", sprach einst Henry Ford und belegte uns so mit dem Fluch, auf immer unsere Straßengenossen beeindrucken zu müssen. Sonnenbank bis der Hautarzt kommt, beim Heide-Urlaub gefälschte Postkarten aus Ägypten schicken und das nur für die Hippe auf der anderen Seite des Gartenzauns.

Oder drei Jahre Wasser und Brot für den A6 in der Auffahrt. So bekloppt wollen wir doch nicht mehr sein, oder? Wenn Sie Ihren Nachbarn beeindrucken wollen, können Sie das einfacher haben. Etwa so: Hängen Sie ein Schild „Meditationszentrum" an die Tür und lassen Sie eine Zeit lang die besten Köpfe Ihrer örtlichen Promi-Double-Agentur vorfahren.

Das wirkt. Steigerung: Erweitern Sie auf „Transzendente Meditation" und bestellen Sie Elvis und John Lennon. Das treibt Ihren Nachbarn in den Wahn und beschert Ihnen einen satten Nebenverdienst. Denn Ihr Zentrum wird sich rumsprechen – bei DER Kundschaft!

Alt aussehen

Schönheit kommt von innen. Doch diese alte Binsenweisheit ist nicht mehr up to date.

Schönheit kommt heutzutage vom Chiroplastiker oder aus der Spritze. Wobei man bei beiden Methoden warnend darauf hinweisen muss, dass jeder diese Kunstgriffe erkennt, und solcherlei erkaufte Schönheit selten genug als wirklich schön empfunden wird. Sagt einem halt nur keiner. Was im logischen Schluss ab einem gewissen Alter doch zu der Überlegung anregen sollte, ob diese Form von Selbsttäuschung nicht ein wenig zu teuer und uneffektiv ist. Vertrauen Sie lieber zukünftig auf den Charme der Lebensweisheit und auf die Wirkung, die eine heitere, in sich ruhende Frau in den besten Jahren auf ihre Umwelt macht. Wer dann neben Ihnen älter aussieht als Sie, ist garantiert geschminkt und geliftet.

Zeit sparen

Sparsamkeit an sich ist ja eine gute Eigenschaft. Denn ob Ravioli, der Kleinwagen oder die Hagelschlagversicherung, es kommt doch am Ende sowieso alles aus der einen Produktionshalle in Mittelchina. Anderes Schild drauf, fertig ist die Laube.

Wer deswegen also bei Konsumgütern weiter spart, lässt sich einfach nur weiter nicht verkackeiern. Anders sieht es mit weichen Gütern aus, wie Gesundheit. Oder Liebe. Oder Zeit. Insbesondere an der sollten Sie auf gar keinen Fall mehr sparen. Denn das doofe an Zeit ist, dass man sie nirgends konservieren oder einkellern kann. Geben Sie sie lieber mit vollen Händen aus. Für unbezahlbare Dinge, wie spazieren gehen, Fallschirm springen, das Hacken der Internetpasswörter des weißen Hauses – egal. Zeit ist die Währung, für die man mal endlich alles kriegt, was man will. Und obendrein eine nachwachsende Ressource. Wozu dann ausgerechnet hier sparen?

Small Talk

Männer haben es gut. Sie sind seit Menschengedenken digitale Wesen und verfügen mit ihrer Ja/Nein-Schalte im Gehirn über das perfekte Rüstzeug für ein eindeutiges und somit schnell beendetes Gespräch. Wobei das Reden an sich ja eigentlich was Schönes ist. Wenn man mit Leuten redet, mit denen man auch reden will.

Small Talk mit Fremden – oder noch schlimmer – bestens bekannten Miesmöppen, macht schon weniger Spaß. Für diese Fälle sollten Sie zukünftig bereit sein, von der Natur eines Mannes zu lernen. Auch wenn er nur der Prototyp ist, hat Gott ja nicht nur Fehler in ihn hineinprogrammiert. Kombinieren Sie diesen dualen Wortsatz mit modernster Sozialtechnik, indem Sie, wie Ihre Enkel oder Nachbarskinder, während der Unterhaltung starr auf Ihr Smartphone glotzen und wild darauf herumtippen. Das verkürzt nicht nur ungewünschte Konversation, sondern zeigt Ihre Aufgeschlossenheit für neue Medien und Ihre Multitasking-Fähigkeit.

Schorle trinken

Wenn es ein Getränk gibt, dass alle denkbaren Einschränkungen im Leben einer Frau sozial, kulinarisch und wirtschaftlich treffend symbolisiert, dann ist es die Schorle.

Diese Form der Selbstkasteiung mag aus vielerlei Gründen einmal die richtige Lebensstrategie gewesen sein, jetzt ist es Zeit für ein Leben in echtem Purismus. Wasser als Wasser, Wein als Wein. Kippe es nie zusammen und lass sonst nix hinein! Das ist die Formel für vollendeten Genuss. Wenn Gott gewollte hätte, dass Weißwein nach Wasser und Weizenbier nach Bananensaft schmeckt, hätte er den Trauben und dem Hopfen das damals mitgeteilt. Schorle trinken sollte ab heute tabu sein, und wenn es gar nicht ohne Mixgetränke geht, nur noch stilvoll in der Cocktailbar oder als trockenen Martini genießen. Nur gerührt, nicht geschüttelt!

Den Bus nehmen

Die Idee, einen Bus zu nutzen, fußt auf der Idee, einen Ort zu verlassen, um einen anderen aufzusuchen. Wie old school ist das denn? Heutzutage gibt es das Internet, das, abgesehen vom No-Go des dort Einkaufens, eine perfekte Vernetzung mit allen Menschen bietet, die man sehen will oder muss.

Durch Social-Media sparen Sie derart viel Geld, dass Sie zum Shoppen in Zukunft mit der Stretchlimo und zum Arzt mit der Sänfte anreisen können. Und für böse Intrigen haben Sie nun viel mehr Zeit und einen viel größeren Abnehmerkreis als früher. Streuen Sie Ihre kleinen Gemeinheiten lieber via Facebook bequem vom Sofa über die gesamte Welt hinaus, als sich mit einem Bus zu einem Kaffeekränzchen zu quälen, wo es doch immer nur die gleichen Schachteln mit ihren langweiligen Lügen gibt. Der einzige Bus, mit dem Sie noch regelmäßig fahren sollten, ist der USB – der Universal Serial Bus!

Zuhören

Man fragt sich, warum fast ausschließlich Männer im Alter so rapide an Gehörsinn verlieren. Böse Zungen behaupten, die Gehörgänge der Herren der Schöpfung wären durch häusliche Überbeschallung demoliert.

Unsinn, schließlich hören Sie ja auch schon Jahr und Tag Ihrer Mutter zu, ohne dass Sie ein Hörgerät brauchen. Merken Sie was? Die Jungs haben nix an den Lauschern, sie haben mit ihrem Techniktrick einfach eine gesellschaftlich anerkannte Möglichkeit gefunden, nur das zu hören, worauf sie Bock haben. Weswegen die Bierbauchfraktion auch nie Interesse heucheln muss. Ein Fingerzeig ans Hörgerät, c'est tout! Ist doch ausnahmsweise wirklich clever! Und wenn auch Sie keine Lust mehr haben, die epischen Ausführungen Ihrer Nachbarin mechanisch wie ein Wackeldackel mit Kopfnicken zu begleiten, dann schließen Sie sich dieser Techno-Bewegung an. Emanzipation darf nicht an den Ohren haltmachen! Hörgerät jetzt!

Leistung bringen

Eigentlich wäre nach einem ausgefüllten Arbeits- und Familienleben ja jetzt mal Auslaufen und Ermüdungsbad eine Maßnahme. Stattdessen werden die Stimmen lauter, dass die Best-Ager ja auch noch ein bisschen was für Vater Staat tun können. O.k., geistig-körperlich mag das ja auch kein Problem sein, aber moralisch?

Noch länger arbeiten zur Entlastung der Smartphone-Daddler nach Ihnen, die es, wahrscheinlich wegen des vielen Östrogens im Fleisch, noch nicht mal in die Pubertät geschafft haben? Nä! Lassen Sie sich nicht von genau den Typen aus dem Chefbüro, die Sie jahrelang mitleidig wie Alteisen angeglotzt haben, einreden, dass man plötzlich Ihre Erfahrungen und methodischen Qualitäten zu schätzen gelernt habe. Die kommen einfach nur aus einem Bewerbertrainee und haben jetzt blanke Angst. Haben Sie deswegen gleich nach Ihrem Geburtstag Rücken, und überlegen Sie zu Hause, ob Sie noch Lust auf Leistung haben. Und was eine Kilowattstunde Ihrer Leistung so kostet. Denn Strom und alter Wein sind nun mal sehr teuer.

Auf Kultur machen

Was leider mit keinem Lebensjahr weniger werden will, sind die Klischees, mit denen Frauen zu kämpfen haben. Eines davon ist die Unterstellung der Kulturbeflissenheit. Wie ein Junkie sein Crack, so brauchen Frauen ab 50 immer größere Mengen Kultur, um high zu werden.

Soweit das politisch korrekte Frauenbild. Toll! Nicht, dass es irgendetwas gegen Kultur einzuwenden gäbe. Im Gegenteil! Es darf sich eben nur nicht auf die Hochkultur beschränken. Geben Sie dem Affen Zucker, und stürzen Sie sich in das kulturelle Leben dieses Landes. Es ist vielfältig genug! Wenn Sie Theater und Museum in ein gutes Verhältnis mit der Teilhabe an der Ultra-Kultur eines BuLi-Clubs oder mit der Tanzkultur eines House-Clubs bringen, dann ist die tägliche Dosis Kultur in der Tat etwas, auf das Sie auf keinen Fall verzichten sollten. Auch, wenn die reife Kulturtante ein bisschen klischeehaft ist.

Im Internet einkaufen

Auch wenn Sie sicher längst Bewohnerin des digitalen Dorfes namens Internet sind, müssen Sie ja trotzdem nicht jeden Nonsens dort mitmachen. Das Einkaufen im Internet ist eine fürchterliche Marotte. Windows statt Schaufenster, na besten Dank!

Neben den unabsehbaren Folgen, die dieses Verhalten für die Fußgängerzonen hat, ist Einkaufen im Internet auch eine soziale Fehltat der ersten Kajüte, der Sie nicht nachgehen sollten. Erfüllen wenigstens Sie Ihre Pflicht an Ihren Mitbürgern, den Verkäufern! Diese haben ein gutes Recht darauf, von Damen im besten Alter stundenlang durch die Gegend gejagt, mit spitzen Bemerkungen drangsaliert und an der Kasse mit 123,56 EURO in 5 Cent Stücken entnervt zu werden. Nur deswegen haben diese Leute überhaupt ihren Beruf ergriffen! Vergessen Sie das Internet und die Kaltschalen bei den Kundenhotlines, die vielleicht obszöne Gesten machen, während Sie sich beschweren. Quälen Sie lieber die Verkäufer, solange es noch welche gibt!

Der Mode folgen

Moden kommen, Moden gehen, der Modewahn, er bleibt bestehen. Geben Sie es zu, eine Fotoausstellung Ihrer Teilhabe an der Mode der letzten fünf Jahrzehnte könnte durchaus auch ein breiteres Publikum belustigen.

Um nicht noch einen weiteren Flügel Ihres persönlichen Modepanoptikums mit Bildern zu füllen, sollten Sie Mode in Zukunft etwas losgelöster vom Zeitgeist betrachten. Suchen Sie sich ein Outfit, das Ihre Lebenshaltung reflektiert. Ob das eine Krankenschwester-Uniform, ein Schlafanzug oder ein Latexkleid ist, macht nicht den Unterschied. Wichtig ist nur, dass es ein einziges Outfit ist, das Sie auch dann tragen, wenn es gerade so gar nicht geht. Karl Marx lehrt uns schon mit der These von Zyklus und Antizyklus, dass das deswegen schon morgen der ganze heiße Stoff sein kann. Mit der Zeit und dem Geld, die Sie nun beim Einkaufen und Umziehen sparen, können Sie bequem eine Kreuzfahrt machen. Gute Reise!

PETA unterstützen

Eigentlich ist das so nicht richtig. Natürlich sollten Sie, gerade als modebewusste Best-Agerin, eine Vereinigung wie PETA unterstützen.

Der sicherste Weg, diese Organisation bekannt zu machen und ihr zu Spendengeldern zu verhelfen, ist, wie so oft leider der unbequemste. Wenn Sie etwas für PETA tun wollen, dann halten Sie als Feindbild her. Tragen Sie Echthaarpelze. Ganze Luchse als Hut, zwei Geparden als Stiefel, das ganze Programm. O.k., es ist nicht schön eine derartige Rolle anzunehmen, aber irgendjemand muss es tun. Unterstützen Sie diesen großartigen Verein mit Ihrer selbstlosen Zurschaustellung von (bitte schon sehr alten!) Pelzmänteln und empfangen Sie dafür, als Trost, die mollige Wärme, bei der dieses moderne Polyesterzeugs nie im Leben mithalten kann. Gute Taten lohnen sich eben, denn gerade im Winter gilt: Die kleinen Wohltaten belohnt der liebe Gott sofort!

bigFM hören

Früher war einfach alles besser. Besonders das Radiohören. Was früher der Information und Unterhaltung diente, klingt heute wie ein Rummelplatz inmitten einer Schießerei. Man könnte meinen, es handele sich um eine Direktübertragung aus der Hölle.

Leider ist der Hintergrund für diese Entwicklung in der Radiolandschaft ein sehr trauriger: Da heute praktisch jedes Kind an ADS leidet und hochintelligent ist, fällt es den Kevin-Giorgios und Maria-Cheyennes einfach schwer, sich länger als zwölf Sekunden auf irgendwas zu konzentrieren. Dieses Geräusch-Stakkato, wie es Jugendsender wie bigFM anbieten, ist pädagogisch maßgerecht in kleinste Bits zerkaute Information. Hören Sie deswegen niemals bigFM, denn sich jetzt noch ein ADS-Syndrom zu besorgen, nur um mit der Jugend mitzugehen, kann das Gequietsche und Gebrazze doch nicht wert sein. Kein Wunder, dass keiner von denen mehr in die Rente einzahlen kann!

Nachdenken

„Der Mensch denkt, Gott lenkt", das weiß schon der Volksmund zu berichten. Und dass dieser Lenker einen ziemlich abgedrehten, oft völlig sinnlosen und manchmal sogar bösartigen Kurs hält, haben Sie mit allem Nachdenken bisher auch nicht aufhalten, manchmal eigentlich sogar nur noch verschlimmbessern können.

Denn die schlimmsten Taten werden ja bekanntlich aus der besten Absicht begangen. Was also jetzt auch geschehen mag, denken Sie einfach nicht drüber nach. Was ändert es schon groß? Sehr viel sinnvoller ist eine Geisteshaltung des Vordenkens, die es einem oft erspart, ständig über das Kind nachzudenken, das gerade in den Brunnen gefallen ist. Wer z. B. nach einer Denksession zu dem Ergebnis kommt, dass Mammon schnöde und Zinseszins ein Verbrechen ist, der muss nie wieder nächtelang darüber nachdenken, wieso sein schönes Geld verschwunden ist. Und wer vor der Fete dran denkt, fett zu essen, muss nachher nicht überlegen, wo die Aspirin liegen. So einfach ist das. Vordenkerinnen gehört die Welt. Nachdenkerinnen können gar nix!

Anständig bleiben

Frau sein ist nun nix für Weicheier. Neben der ständigen Hungerei und diesen Folterinstrumenten, die sich Stöckelschuhe nennen, kämpft Frau doch auch ihr Leben lang um ihren guten Ruf.

Das wäre mal ein Thema für die Gleichstellungsbeauftragten! Denn alles, was einem Mann das anerkennende Ansehen eines Hallodris, Lebemanns oder knallharten Geschäftemachers einbringt, ist bei einer Frau grademal dazu geeignet, ihren Ruf und den ihrer Familie auf ewig zu ruinieren. Damit sollte es jetzt genug sein. Sie müssen ja nicht gleich Mitglied der Hells Angels werden. Ungeschminkt und rauchend, so gegen elf Uhr, beim Bäcker Brötchen holen, kann eine ungeahnte soziale Befreiung sein. Oder versuchen Sie ein paar gängige Teenagerklischees. Als Gothic oder Gangsta-Rapperin tun Sie nix Böses, außer den borniertern Pfeifen endlich mal an das Brett vor ihrem Kopf zu klopfen. Viel Spaß!

Sparen

Es gibt eine Reihe wichtiger Lebensweisheiten, deren Einhaltung einem manchen Kummer ersparen hilft. „Kein Bier vor vier" etwa wäre für einige Ihrer männlichen Bekannten sicher eine Maxime gewesen, die den Herren heute manche Unannehmlichkeit erspart hätte. Für Frauen werden goldene Regeln erst im besten Alter wirklich spannend.

MAILAND

Der wichtigste dieser Leitsätze sollte von nun an lauten: „Simply the best", ein Lebensansatz, den es als Dauer-Mantra zu verinnerlichen gilt. Jahrzehntelang haben Sie zurückgesteckt und Rücksicht genommen, da wird es nun höchste Zeit für die Rabatt- und Payback-Years. Beachten Sie darum ab sofort folgende No-Gos: Bahn, Bus, Fußmarsch. In Zukunft fahren Sie nur noch Taxi! Piccolos gibt es auch von Dom Pérignon. Und wenn die Mode aus Mailand kommt, dann müssen Sie nach Mailand zur Mode. Und wo Sie die Wahl haben, nehmen Sie sich das, was am meisten kostet. Preisvergleich lohnt sich, ab jetzt eben auch in die andere Richtung!

Auf den Märchenprinzen warten

Wie Sie sicher wissen, haben Sie nun, mit 65, alle statistisch die Lebenszeit verkürzenden Ereignisse vom Kindstod bis zum Herzversagen hinter sich gelassen und können nun locker nochmal so alt werden.

Eine echte Langstrecke, die man am besten aus Lebenserfahrung heraus meistert. Und sich gewisse Dinge einfach abschminkt. Die Ankunft des Märchenprinzen etwa ist nix, worauf Sie noch warten sollten. Stattdessen sollten Sie ihn täglich zu sich nach Hause bestellen. Häusliche Hilfsdienste verfügen über ein ganzes Arsenal junger, gut gebauter Kerls, die Ihnen auf Knien die Bude schrubben, während Sie ihnen dabei aus dem Sessel mit einem Prosecco versonnen zusehen können. Tipp: Drehen Sie zwei Stunden vor dem Besuch die Heizung voll auf, besonders im Sommer. Und halten Sie sich immer an die Grundregel – nur gucken, nix anfassen!

Einen Doktortitel machen

Männer! Je älter sie werden, umso peinlicher werden sie. Was eigentlich kaum zu glauben ist, wenn man das affige Verhalten der Balzgänger in jungen Jahren betrachtet. Tatsache ist, dass ausgerechnet das Geschlecht, das den Frauen den Penisneid unterstellt, ständig neue Angebersachen vom Porsche bis zur jungen Freundin anschleppen muss, um den anderen Pavianen zu beweisen: Ugagga Uggg Ugg! Und genau aus eben diesem Grund machen Männchen mit einem zu dicken Bauch und der zu schmalen Brieftasche dann im letzten Drittel einen Doktortitel. Nur, damit die Frau in der Arche bei der Essensausgabe zumindest „Herr Doktor" sagen muss. Das braucht doch keine erwachsene Frau, oder? Wenn es Sie auch noch einmal in den Hörsaal zieht, tun Sie doch ein gutes Werk, und schenken Sie Ihre Summa cum Laude Doktor-Urkunde einem armen Mann mit dicker Plauze und ohne junge Freundin. Sie werden eine gescheiterte Existenz mit neuem Leben erfüllen!

Die Kinder besuchen

Im Gegensatz zu einigen männlichen Altersgenossen, die der darwinistisch bedenklichen Untergruppe der „späten Väter" angehören, sind Ihre Familienplanungen, dank besserer Bio-Programmierung, definitiv abgeschlossen. Kinder gibt es für Sie in klein nur noch in der Enkel-Variante ...

... und dies sind die perfekten Spielfiguren für Ihren Vergeltungsfeldzug gegen die eigenen Kinder für deren einstigen häuslichen Blitzkrieg, den Unbeteiligte gerne läppisch mit „Pubertät" abtun. Da sind Rechnungen offen, die mit einem versöhnlichen Gespräch selten beglichen sind. Was Sie deswegen allerdings nicht tun sollten, ist Ihre Kinder zu besuchen. Das nutzt nur deren schlechten Gewissen. Besser ist es, gleich bei denen einzuziehen. Nehmen Sie die Hintertür, finanzieren Sie den Hausbau und ziehen Sie ins Souterrain, um von dort durch ständige Präsenz, Besserwisserei und Enkelkind-Verwöhnung Rache für jeden Monat zu nehmen, den Ihnen die Mistblagen zur Hölle gemacht haben. Auge um Auge, Jahr um Jahr!

Etwas einsehen

Der schwierigste Teil am Älterwerden ist die immer stärker werdende Weitsichtigkeit. Und dagegen hilft auch keine Brille.

Wenn man so ziemlich jede Lebenssituation von Geburt bis Tod mehrfach hautnah oder gar am eigenen Leibe mitgemacht hat, fällt es einem zunehmend schwerer zu glauben, dass es dieses eine Mal ja doch anders ausgehen könnte als sonst. Vor dem Hintergrund der gebotenen Schadensminimierung – insbesondere für Sie selbst – sollten Sie deswegen in Zukunft erst gar nicht den Eindruck erwecken, auch nur im Ansatz irgendetwas einzusehen, was eben oft genug ein, insbesondere für jüngere Mitmenschen, augenscheinlich unsichtbares Warnschild trägt. Sollen Sie doch alle altersstur und bockig nennen, das ist immer noch besser als später die Scherben aufzufegen, die man sowieso schon hat kommen sehen.

Namen merken

Auch wenn 65 heutzutage nur eine beliebige Marke auf dem Zeitstrahl Richtung 100 ist, so hat man in dieser Lebensspanne nun doch schon den einen oder anderen Menschen kennengelernt. Insgesamt waren es sogar ganz schön viele. Aber wirklich erwähnenswert im Gedächtnis geblieben sind eigentlich die wenigsten, nur die allerbesten Freunde eben, wie die dicke Dings oder die ... na, die immer so komisch aussah, wenn sie ein Eis aß ...

Egal, die Erfahrung lehrt: Die meisten Namen kann man gar nicht so schnell lernen, wie man sie wieder vergessen kann. Was übrigens nicht nur für Verwandte und Bekannte gilt. Politiker, Fußballer, Automarken werden ja nicht nur immer jünger und teurer, sie sind schneller wieder weg als sie gekommen sind. Nutzen Sie darum den Synonym-Trick, und belegen Sie alles um sich herum mit dem Tempo-Fluch. Wie das geht? Ganz einfach: So wie Tempo für jedes Papiertaschentuch steht, heißt für Sie ab sofort jeder Politiker Scholz, jeder Fußballer Beckenbauer und jedes Lied ist von Udo Jürgens oder Elvis. Das macht Sie für Ihre Umwelt vielleicht schlechter erträglich, aber sonst halt vieles einfacher!

Einen Sitzplatz kaufen

Alt werden, zumindest im Sinne von nicht mehr ganz 40 sein, ist heutzutage ein Premiumvergnügen, das man nur zur Gänze auszukosten wissen muss.

Denn die Ehrfurcht vor schneeweißen Haaren ist dem größten Teil des nachwachsenden Gemüses ja Gott sei Dank erhalten geblieben, weswegen Sie heute, dem Alter sei Dank, eine Menge Zeit und Geld sparen können. Ersparen Sie sich zum Beispiel teure Sitzplatzreservierungen und markieren Sie einen Schwächeanfall, wenn der Zug voll besetzt ist. Das wirkt garantiert. Auch bei zu langen Schlangen, bei Konzert- und Sportveranstaltungen helfen Gesten der Gebrechlichkeit billig zu den besten Plätzen. Erfahrene Altershopper nutzen gerne den Vorteil von Rollstühlen, die ersparen die Theatereinlage, führen ebenso schnell zum Ziel und bieten allzeit einen komfortablen Sitzplatz in der VIP-Lounge des Lebens.

Geschafft

Endlich immer das passende Geschenk für alle MÄNNER!

Was Mann mit 30 NICHT mehr tun muss!

Geschafft

Was Mann mit 40 NICHT mehr tun muss!

Geschafft

Was Mann mit 50 NICHT mehr tun muss!

Geschafft

Was Mann mit 60 NICHT mehr tun muss!

Geschafft

Was Mann mit 65 NICHT mehr tun muss!

Geschafft

Was Mann ab 70 alles tun darf!

Geschafft

Folgt uns! facebook.com/lappanverlag
Instagram.com/lappanverlag
www.lappan.de